L'Algérie Française

Le Mossad a été réellement impliqué durant la guerre d'indépendance, contre le FLN. A 78 ans, l'agent Avraham Barzilai a décidé de parler de son passé d'agent du Mossad, en Algérie. Précisément à Constantine ou, à 29 ans, il avait été envoyé par les services secrets israéliens, en compagnie de sa femme, afin de monter des cellules opérationnelles pour faire la guerre à l'ALN, sous la couverture d'un modeste enseignant d'hébreu.

Avraham Barzilaï est arrivé à Constantine en janvier 1956, après avoir servi dans l'unité 131 des services de renseignement de Tsahal et avoir entraîné, dans ce cadre, les jeunes juifs égyptiens qui furent impliqués ensuite dans la « sale affaire ». Barzilaï, 29 ans à l'époque, est envoyé par le Mossad, avec sa femme, à Constantine. Sa « couverture » est un poste d'enseignant de l'hébreu. En mai 56, il a déjà mis sur pied des cellules de juifs constantinois armés qui ont pour mission de défendre la communauté juive locale.

Ce que racontent l'agent Barzilai et son responsable direct, Shlomo Havilio, en poste en 1956 à Paris, sont les détails d'une opération des services du Mossad qui ont entraîné et armé des cellules composées de jeunes juifs de Constantine pour faire la guerre à l'ALN. Les deux agents, qui avaient déjà servi dans l'unité 131 des services de renseignements de l'armée israélienne en Egypte, avaient déjà monté des cellules similaires pour déstabiliser le gouvernement de Nasser en armant des juifs égyptiens, lors d'une opération ratée, connue sous le nom de code de «la sale affaire».

Selon le découpage du Mossad en 15 zones géographiques, le Maghreb (Maroc, Algérie, Tunisie), occupe une place prédominante surtout depuis qu'Israël s'est mis dans l'idée de relancer la normalisation avec Rabat et Tunis. Barzilaï a le pressentiment que le FLN va commettre un attentat le 12 mai 1956…Il donne donc l'ordre aux membres de sa cellule de s'armer de pistolets et de patrouiller, rue de France, l'artère principale du quartier juif de Constantine. À midi, une très forte explosion secoue la rue: un Arabe a jeté une grenade à l'intérieur d'un café. Les jeunes de la cellule de Barzilaï arrivent sur place très rapidement. Des femmes juives crient. L'une d'elle désigne du doigt la ruelle vers laquelle le terroriste s'est enfui. Les jeunes juifs de sa cellule l'ont rattrapé et l'ont abattu.

Les aveux de cet agent du Mossad se poursuivent, intacts et cyniques. «*Nous craignions que les Arabes ne viennent se venger contre le quartier juif. Nous avons alors déployé quatre autres cellules sur des points stratégiques, à l'entrée du quartier juif. Certains juifs portaient des armes, avec l'autorisation des autorités françaises. Très rapidement les coups de feu ont commencé à fuser de toutes parts. Et les juifs armés, furieux après l'attentat, ont commencé à se diriger vers le quartier musulman. J'ai donné l'ordre à nos hommes de prendre le contrôle de la situation et d'éviter tout débordement aux conséquences dramatiques*», raconte Barzilai.

Il explique que seuls six soldats français sont arrivés sur place. Ce sont les juifs des cellules du Mossad qui leur ont indiqué ce qu'ils avaient à faire... « *Nos hommes ont pénétré dans des cafés arabes voisins et leur ont causé des pertes sérieuses* », rapporte Barzilaï dans un message codé envoyé au quartier général du Mossad en Europe, dirigé à Paris par Shlomo Havilio.

Pour ces espions, la traque des militants du FLN était permanente. Elle se substituait dans les quartiers juifs à celle de l'armée française. Cet agent du Mossad confie d'ailleurs que des soldats français étaient «dirigés» par ces cellules du Mossad.

Le reste de ce récit sera divulgué lors de cette semaine à l'occasion du rassemblement de Jérusalem auquel prendra part Enrico Macias qui doit donner un concert de Malouf et la ministre du

Table

Chapitre 1.

Chapitre 2.

Chapitre 3.

Conclusion

Chapitre 1

gouvernement Raffarin, Mme Nicole Guedj, secrétaire d'Etat aux droits des victimes, originaire également de Constantine.

Durant ce séminaire, plusieurs personnalités juives algériennes interviendront dont le professeur Benjamin Stora qui animera une conférence sur «la résistance et l'exode des juifs» de Constantine ou le professeur Marc Zerbib, connu pour être un des organisateurs des réseaux des juifs algériens établis en Israël et estimé à 50.000 membres par différentes sources. Ce rassemblement auquel les juifs de Constantine accordent une importance particulière, avec avion spécial depuis Paris et même la présence du Président israélien, Moshe Katzav aux travaux, permettra, certainement, de faire la part des choses sur le traitement accordé aux juifs constantinois par les Algériens surtout sous le règne vichyste. Reste à savoir si les aveux lourds de sens des agents du Mossad sont le premier mea culpa à l'adresse des Algériens...

C'est un historien français, Gilbert Meynier, qui donne ce chiffre se basant sur le livre d'Anne-Marie Laouanchi, écrit en hommage à son mari Salah Laouanchi, responsable de la Fédération de France du FLN de 1956 à 1957. Le bilan a été fourni par les compagnies républicaines de sécurité (CRS). Devant l'ampleur des réactions qu'un tel chiffre ait pu produire dans l'opinion publique, M. Meynier a fait, récemment, une sorte de mea culpa pour « avoir pris pour seule source, celle d'une proche du FLN ».

Mais ça, c'est une autre histoire. L'essentiel, qui a été derrière ces massacres? Ces actions sont-elles le fait de la DST, les services de renseignements français, ou du Mossad, ou alors les deux en même temps, dans un esprit de collaboration pour étouffer la Révolution algérienne. Quel rôle avait joué le Mossad, le service de renseignements israélien, dans ces tueries ?

Dans les travaux d'investigation effectués par Mme Ouanassa Siari Tengour, présentés lors du Colloque de 2006, sur la guerre de Libération (1954-1962), qui a eu lieu à Skikda, l'auteur retrace « le contexte de crise générale » dans lequel surviennent ces massacres des 12 et 13 mai 1956, et qui ont coïncidé avec le premier jour de la fête de l'Aïd pour les musulmans. Ceux-ci « ne doivent rien au hasard. Ils sont l'aboutissement logique de pratiques dont les caractéristiques les plus visibles sont la répression, l'arbitraire et l'impunité et qui se trouvent réactivées par le déclenchement de la lutte armée, le 1er novembre 1954 ».

Elle note, dans son étude, sur la base de témoignages, la situation exceptionnelle, insurrectionnelle, que suggère le dispositif policier qui y est déployé. Des milices dites «antiterroristes», — c'est-à-dire engagées contre les éléments du FLN — avaient procédé à une série d'exécutions dans le Constantinois. Le prétexte de ces tueries intervenues les 12 et 13 mai, c'est l'attentat contre un café détenu par un juif. Après l'explosion de la bombe, la réaction ne s'est pas fait attendre, la chasse à « l'Arabe » commence. Des civiles sont abattus froidement...

Or si la presse de l'époque (La Dépêche de Constantine) a présenté l'auteur comme «un élément lié au FLN», ce dernier par le biais de son journal « El Moudjahid » réfute cette version en l'imputant, selon les précisions en bas de l'article de Mme Tengour, à «un homme habillé à l'européenne». Cela n'a, évidemment, pas empêché les groupes armés de la rue de France (quartier juif) de déclencher les représailles contre les populations musulmanes. Ce sont des groupes de milices bien encadrées par une organisation, implantée au Maghreb, et affiliée au Mossad qui se sont chargés de cette sale besogne.

Cela commence le 12 mai 1956. Le Mossad avait déjà entrepris d'encadrer les éléments juifs. Barzilaï, un agent du Mossad, donne, déjà, l'ordre aux membres de sa cellule de s'armer de pistolets et de patrouiller, rue de France, l'artère principale du quartier juif de Constantine. Les Français n'osaient pas intervenir, cette action les aidait à démanteler les réseaux des militants du FLN.

Cet enseignant d'hébreu agissait sous l'ordre de son responsable direct, Shlomo Havilio, en poste en 1956 à Paris. Les services du Mossad ont entraîné et armé des cellules de jeunes juifs de Constantine pour faire la guerre à l'ALN. Les deux agents sont présentés comme des spécialistes de la subversion, au service des services de renseignements israéliens, ils avaient opéré dans les pays arabes , en Egypte plus exactement, en montant des cellules similaires pour déstabiliser le gouvernement de Nasser en armant des juifs égyptiens.

Les massacres en question interviennent dans une situation qui n'était pas, à vraiment parler, calme dans toutes les régions d'Algérie. Dans le Constantinois, une dizaine de mois auparavant, l'insurrection d'août 1955 s'est soldée par plusieurs arrestations de militants algériens. C'est une situation d'insurrection permanente avec des attentats visant les policiers français ou les représentants de l'administration coloniale. On a pu noter, à ce titre, en avril 1956, des actions qui se sont soldées par 101 assassinats dont celui qui a visé le commissaire principal San Marcelli.

Les représailles feront un grand carnage parmi les populations civiles. Des historiens essaient de réfuter l'idée que le massacre des 12 et 13 mai ait été le fait seulement de ces milices essayant de montrer que « c'est le dispositif policier qui a pris la relève après le premier jour des hostilités ». Quand bien même l'hypothèse en question peut être crédible, rien n'empêche les éléments du Mossad qui «ont fait un noyautage des militaires», selon certains historiens, d'agir sous une autre couverture. Les deux communautés musulmane et israélite se sont déjà affrontées, en 1934, à la suite d'un acte de provocation d'un lieu de culte musulman (profanation d'une mosquée) considéré comme « un petit incident sans importance». Mais, note-t-on, si l'embrasement n'a pas eu lieu, c'est que, entre les deux périodes, le contexte est totalement différent. Dans le dernier cas, on est en pleine guerre de Libération et les groupes en question sont cette fois-ci bien armés par le Mossad.

Ben Barka

Les services secrets israéliens auraient aidé Rabat à localiser l'opposant marocain Mehdi Ben Barka et à le faire disparaître, en octobre 1965 à Paris, selon les révélations du quotidien israélien Yediot Aharonot.

L'implication du Mossad, les services secrets israéliens, dans l'enlèvement à Paris de l'opposant marocain Mehdi Ben Barka en 1965 a très tôt été soupçonnée. En 2008, le journaliste Samuel Segev avait évoqué l'implication du Mossad et rappelé dans un livre des détails sur les relations secrètes entre Israël et le Maroc. Le Mossad avait selon lui, indirectement permis aux services secrets marocains de repérer l'opposant socialiste, puis de le piéger.

Mehdi Ben Barka a été enlevé par deux policiers français, le 29 octobre 1965, devant la brasserie Lipp, à Paris. L'opposant au régime marocain avait rendez-vous avec des cinéastes pour un projet de films sur la décolonisation. Il n'a pas réapparu et son corps n'a jamais été retrouvé.

Dans les années 1950, la France embourbée dans la guerre d'Algérie, a, établi des relations soutenues avec le Mossad, pour obtenir des informations sur le FLN. Le Mossad dispose donc d'une implantation en France. Israël a également développé des relations avec le Maroc, le plus pro-occidental des pays arabes, l'aidant notamment à restructurer ses services secrets du royaume. Les services secrets israéliens ont obtenu de pouvoir observer un sommet de la Ligue arabe à Casablanca, en septembre 1965. En échange, Rabat exige du Mossad son aide pour repérer et éliminer l'opposant Mehdi Ben Barka, qui voyage toujours incognito, avec beaucoup de précautions pour ne pas se faire repérer.

Après avoir repéré l'opposant, le Mossad fournit une aide matérielle, des faux documents, une cache, pour son enlèvement. Si le Mossad n'est pas impliqué dans la mort de Ben Barka, il se charge de faire disparaitre sa dépouille, dans la forêt de Saint Germain: "*Le service a eu l'idée de dissoudre le corps avant de l'enterrer avec de l'acide,* raconte Ronen Bergman au Monde, *à base de produits chimiques achetés dans plusieurs pharmacies. Cette nuit-là, il a plu. La pluie a accéléré le processus.*" L'opposant marocain Mehdi Ben Barka a été assassiné par Ahmed Dlimi, N.2 de la police secrète marocaine.

Trois ans plus tard, une route a été construite à cet endroit. S'il reste quelque chose de sa dépouille, c'est sous un noeud routier à cet endroit. Le Mossad a agi parce qu'il était redevable envers le Maroc, mais n'avait pas d'hostilité particulière envers l'opposant marocain qui avait entretenu des relations avec des officiels israéliens et "*admirait, les réalisations de l'Etat hébreu dans le domaine de l'agriculture, du développement régional et de l'armée.*"

Le 29 octobre 1965, Ben Barka est arrivé à Paris en provenance de Genève, avec un passeport diplomatique algérien. Il a déposé ses valises chez son ami Jo Ohanna, un juif marocain, et s'est rendu à pied à la brasserie Lipp pour y rencontrer un journaliste français, quand deux policiers français en civil l'ont interpellé et conduit dans une voiture de location jusqu'à une villa au sud de Paris.

Nous savons avec certitude que Ben Barka était encore en vie le 1er novembre (...) [le général] Dlimi ne voulait pas le tuer, mais lui faire avouer son intention de renverser le roi Hassan II. Ben Barka avait les chevilles entravées et les mains nouées dans le dos, et Dlimi lui a plongé la tête dans un bac rempli d'eau. A un moment donné, il a pressé trop fort sur ses jugulaires, l'étranglant ainsi à mort. Le ministre marocain de l'Intérieur, le général Mohammed Oufkir, chef de la police secrète, est ensuite arrivé à Paris pour organiser l'enterrement, qui s'est déroulé à Paris, quelques jours après le décès, sur une aire en construction, où il y avait du béton et du ciment, aux abords de l'autoroute du sud.

Ben Barka, qui voyageait beaucoup à travers le monde, se servait d'un kiosque à journaux à Genève comme d'une boîte postale où il venait récupérer son courrier, et le Mossad a donné cette information à Dlimi. On apprend aussi que Ben Barka a rencontré en 1960 un haut responsable du Mossad pour lui demander - en vain - une aide financière et en armes afin de renverser le régime chérifien, et que David Ben Gourion, le fondateur d'Israël, en a averti le souverain marocain.

Après le déclenchement en 1963 de la guerre entre le Maroc et l'Algérie, le chef du Mossad, Meir Amit, doté d'un faux passeport, a rencontré à Marrakech le roi Hassan II pour lui déclarer: *"Nous pouvons, et nous voulons vous aider"*. Les instructeurs d'Israël ont ensuite entraîné des officiers marocains, formé des aviateurs au pilotage de Migs-17 soviétiques, organisé ses services secrets, surveillé la construction de la barrière entre le Maroc et l'Algérie, vendu des armes, y compris des chars AMX-13 français via Téhéran, et équipé des embarcations de pêche avec des radars pour les transformer en gardes côtes.

En 1965, Israël a pu suivre le sommet arabe de Casablanca et a ainsi découvert l'impréparation des armées arabes bien avant la guerre de juin 1967.

Operation Osirak

La destruction de la centrale atomique irakienne d'Osirak par l'aviation israélienne fait partie de ces opérations inscrites en lettres de feu dans l'histoire de Tsahal. Nommée Opéra, Babylone ou encore Tamouz en flammes, cette opération militaire réalisée le 7 juin 1981 a permis de neutraliser le programme nucléaire de Saddam Hussein, alors soutenu et chapeauté par la France.

Officiellement, ce nom avait été choisi pour rappeler le mois du calendrier babylonien et le jour du calendrier grégorien lors duquel le parti Baas de Saddam avait pris le pouvoir à l'occasion du coup d'État de 1968. Mais le fait que Saddam ait ou non voulu rappeler aux Juifs le souvenir de la première brèche apparue dans la muraille de Jérusalem lors du siège de la ville par Nabuchodonosor, roi de Babylonie, n'a que peu d'importance : Le fait est que la présence de cette centrale atomique, dans un pays ennemi dirigé par un tyran sanguinaire, a été vécue par une grande partie des Israéliens – et à leur tête le Premier ministre Ména'hem Bégin – comme une menace existentielle.

L'hypocrisie française

C'est dès son arrivée au pouvoir dans les années 1960 que Saddam Hussein décide de doter son pays de l'arme nucléaire. Mais il lui faudra attendre une bonne décennie pour arriver à ses fins.

En 1974, le président Valéry Giscard d'Estaing s'était rendu à Badgad. Or, pour sa seule et unique visite à l'étranger, c'est en France que Saddam Hussein choisit de se rendre en 1975. Il rencontre en Provence le Premier ministre Jacques Chirac, avant de visiter avec lui la centrale de Cadarache, l'un des plus importants centres de recherche et développement pour l'énergie nucléaire en Europe. Puis il s'entretient à Paris avec Valéry Giscard d'Estaing.

A son retour, Saddam publie une déclaration disant que « *l'accord avec la France est le premier pas concret vers la production de l'arme atomique arabe* ». Ce qui n'empêche nullement Paris de signer à Bagdad, le 18 novembre 1975, un accord de coopération nucléaire franco-irakien dont le contrat atteint un milliard de francs. Le texte précise qu'il s'agit d'une utilisation « pacifique » du nucléaire.

La centrale que construiront les compagnies françaises Saint-Gobain, Bouygues et Technicatome s'appellera Osirak pour les Français et 17 Tamouz pour les Irakiens.

C'est là qu'Israël et ses services de renseignements entrent en scène … Pour les Israéliens – qui surnomment ironiquement la centrale irakienne « Ô Chirac ! » -, il ne fait aucun doute que Saddam n'a pas du tout l'intention de se contenter d'une centrale nucléaire à usage civil.

Tout le monde – y compris Giscard et Chirac – sait pertinemment que l'Irak n'a nul besoin d'une nouvelle source d'énergie pour produire son électricité vu la quantité de pétrole qu'il tire de son sous-sol. Tout le monde sait également que le président irakien ne s'intéresse qu'à la production «accessoire» de ce réacteur : Le plutonium avec lequel il va pouvoir fabriquer des bombes A...

Ne se contentant pas de ses liens avec la France – moyennant des quantités astronomiques de pétrole vendues à très bon marché, voire gratis -, Saddam achète à l'Italie un lot d'équipements supplémentaires hautement suspects puisque destinés à la manipulation de substances très radioactives. Il fait aussi l'acquisition de plutonium et d'uranium enrichi sur le marché noir.

Pour freiner cette course au nucléaire de l'Irak, Israël choisit de procéder d'abord indirectement. Le 6 avril 1979, le Mossad détruit la cuve en acier du réacteur d'Osirak lors d'une opération commando réalisée à l'intérieur même de l'usine de Constructions navales et industrielles de la Méditerranée (CNIM) à La Seyne-sur-Mer (Var). La France répare ensuite les dégâts ...

Yahia El-Meshad

Le chef du programme nucléaire irakien, l'égyptien Yahia El-Meshad, etait assassiné dans un hôtel à Paris, présumé frappé par une équipe de tueurs du Mossad. Le Premier Ministre Menahem Begin a dit à un journaliste qu'il espérait que la France «a tiré la leçon» pour son aide à l'Irak. Il lui était indispensable de mentionner l'assassinat du scientifique égyptien Yahya Al-Meshad, comme "une mesure nécessaire qui assure la destruction du programme nucléaire irakien".

Le Mossad a pu infiltrer le Commissariat à l'énergie atomique français (CEA) grâce à «sayan» et identifier le scientifique nucléaire égyptien éminent qui travaillait pour le compte de l'ancien président irakien Saddam Hussein à Paris.

Les services de renseignement israélien lui ont proposé de l'argent et du pouvoir en contrepartie d'échange d'informations sur le site nucléaire. Après son refus de collaborer avec eux, ils ont décidé de le liquider. Il fut égorgé à Paris, dans son hôtel, dans la nuit du 12 au 13 juin 1980, par le Mossad.

Al-Meshad avait fait ses études d'ingénierie à l'Université d'Alexandrie, avant d'obtenir un doctorat en ingénierie nucléaire en URSS en 1956, pays qu'il avait rejoint pour ses études, grâce à une bourse...

Un an plus tard, le 14 juin 1980, Yahya Al-Meshad, un Egyptien membre de la Commission atomique irakienne et actif collaborateur du programme Osirak, est égorgé dans un hôtel parisien. En parallèle, des ingénieurs du Commissariat à l'Energie atomique (CEA) français reçoivent des lettres de menace.

Toujours en vue d'éviter une confrontation directe avec l'Irak, Israël entame un marathon diplomatique pour tenter de convaincre la France de stopper son aventure périlleuse avec Saddam. Mais Paris refuse et répète que le programme nucléaire irakien n'est qu' «à usage civil». La « preuve » selon Paris : Saddam a signé le Traité de Non-prolifération atomique (TNP)

Lors de l'un des conseils des ministres réuni à Jérusalem en 1978, le gouvernement apprend des experts du Mossad que l'Irak aura sa bombe d'ici 1980. Face au peu de succès des négociations diplomatiques, le Premier ministre Ména'hem Bégin ordonne alors au chef d'état-major de Tsahal, Raphaël Eitan (Rafoul), de préparer un plan d'attaque.

En août 1980, dans un discours très virulent, Saddam menace à nouveau de détruire Israël : Pour Bégin, cela signifie que le temps presse et que le compte à rebours de l'opération Osirak a commencé. Si bien qu'en octobre, le cabinet entérine la décision d'attaquer cette centrale.

Mais cette opération militaire est repoussée, cette fois-ci pour des raisons politiques. En effet, lorsque le Pr Ouzi Even, spécialiste du nucléaire, a vent du plan d'attaque, il en fait part au chef de l'opposition, Shimon Pérès. Dans une lettre adressée à Bégin, Pérès écrit alors : « J'ai le sentiment qu'il est de mon devoir civil de vous conseiller – avec tout le sérieux et la prise en compte de tous les intérêts nationaux – de ne pas mener cette opération (…). Je joins ma voix – qui n'est pas la seule – à ceux qui vous demandent de ne rien faire, surtout dans cette conjoncture et dans ces conditions ! ». C'est que pour Pérès, seule la voie diplomatique est envisageable.

C'est suite à cette lettre de Pérès, alors que les pilotes de l'aviation israélienne procédaient à leurs derniers préparatifs avant ce raid sur l'Irak, que le gouvernement décide le 10 mai 1981 de repousser l'attaque. Bégin craint en effet que si la nouvelle est déjà arrivée aux oreilles de Pérès, elle a tout aussi bien pu parvenir à celles de l'ennemi...

Mais après maintes autres hésitations, c'est donc finalement la date du 7 juin, veille de la fête de Chavouot, qui est choisie pour le raid. Ainsi, à 16h (heure israélienne), huit F-16 et deux f-15 décollent de la base Etsion : ils ont 1 100 kilomètres à parcourir. A 17h35, juste avant le coucher du soleil, ils bombardent et détruisent Osirak : trois heures après, ils sont de retour en Israël. L'opération Opéra est une totale réussit

Chapitre 2

Muhammad Boudia

Le 28 juin 1973 à 10 h 45, Mohamed Boudia est assassiné à Paris. Le crime était signé: le Mossad avait placé une bombe dans la voiture de cet homme de culture algérien, qui militait activement dans la Resistance palestinienne.

Constant dans la lutte anti-impérialiste, Boudia épouse la cause de la résistance palestinienne et fonce vers une réalité tragique marquée par son empreinte. Cet engagement lui vaut d'être une cible prioritaire dans le viseur des services secrets israéliens et de leurs alliés. Le matin du 28 juin 1973, quittant la librairie palestinienne pour prendre sa voiture garée rue Saint-Victor, Mohamed Boudia tombe en martyr dans l'explosion de son véhicule piégé.

Tiers-mondiste actif

Dès les premières années de l'indépendance de son pays, le militant nationaliste algérien Mohamed Boudia montra son soutien à tous les «opprimés» à travers le monde, abstraction faite de leur nationalité ou de leurs confessions. Pour dire qu'il n'a pas épousé la cause palestinienne, comme le prétendaient certains historiens malintentionnés, par «fanatisme» ou par «dogmatisme panarabiste».

Car, avant de rejoindre les résistants palestiniens activant en Europe, il avait tour à tour manifesté sa sympathie avec le groupe de résistance espagnol Sandova, en écrivant en 1964 une lettre de protestation à l'ambassadeur d'Espagne à Alger, alors qu'il était encore au TNA, et une autre, au cours de la même année, au ministre de la Justice espagnol pour réclamer la libération d'un poète condamné par la cour martial du régime fasciste de Franco.

Tiers-mondiste actif, Boudia visita beaucoup de pays engagés sur cette voie de la lutte contre l'impérialisme et pour l'avènement d'un ordre mondial plus juste. C'est d'ailleurs à Cuba, et non pas dans un quelconque pays arabe, que son engagement pour la cause palestinienne a commencé, suite à sa rencontre avec Wadie Haddad, le responsable de la branche militaire du Front populaire pour la libération de la Palestine (FPLP), mouvement de gauche fondé par George Habache.

Voulant mettre son expérience militante au service de la révolution palestinienne, il suivit une formation à l'université Patrick Lumumba à Moscou, pour perfectionner son savoir-faire lié aux techniques de la guérilla. Et c'est là qu'il fit la rencontre d'un certain Carlos dit le Chacal, de son vrai nom Ilich Ramírez Sanchez, militant internationaliste vénézuélien passionné qui va défrayer la chronique durant les années quatre-vingt et quatre-vingt-dix. Boudia n'a trouvé aucune difficulté pour le recruter, ainsi que d'autres « camarades» de différentes nationalités, pour la résistance palestinienne.

Au début des années soixante-dix, Mohamed Boudia regagne Paris, où il s'était réfugié après son exil volontaire suite au changement politique survenu en Algérie le 19 juin 1965. Il est désigné chef des opérations spéciales du FPLP en Europe, avec un pseudonyme palestinien : Abu-Dhiya.

En trois ans d'existence à la tête de la branche parisienne de l'organisation externe du FPLP, alors dirigée par son ami Wadie Haddad, de 1970 à 1973, date de sa mort, Mohamed Boudia a réussi à redéployer l'organisation à travers toute l'Europe, par le recrutement de nouveaux éléments de haute qualité (le Vénézuélien Carlos et d'autres militants internationalistes de différentes nationalités) et la planification d'une série d'attaques retentissantes qui ont ébranlé tous les soutiens d'Israël dans le Vieux Continent.

Boudia s'est notamment chargé de missions spéciales en Israël en 1971, en engageant trois militantes est-allemandes pour faire exploser des sites à Jérusalem (El-Qods), dont l'hôtel Holiday. Les attaques n'ont pas abouti, parce que les trois jeunes femmes ont été découvertes à l'aéroport.

Au cours de la même année, il planifia une autre attaque contre un château en Autriche qui hébergeait les juifs russes admis à rejoindre Israël, en compagnie de son amie Thérèse Lefèbvre, encore sans succès.

Il revient à la charge avec d'autres actions qui ont enfin abouti et obtenu les résultats escomptés et où, à chaque fois, il ne laisse aucune trace : la première sera menée contre un dépôt de carburant israélien au port de Rotterdam aux Pays-Bas.

La deuxième grande action préparée et dirigée par Mohamed Boudia surviendra le 5 août 1972. Elle visa un pipe-line reliant l'Italie à l'Autriche. L'opération se solde par la perte de 20 000 tonnes de pétrole, estimées à 2,5 milliards de dollars, et la destruction du pipe-line. Pour la première fois, l'industrie pétrolière d'un pays européen était menacée par des activistes arabes qui paraissaient bien incontrôlables. L'argument, très politique, avancé alors par les auteurs et les commanditaires mêmes de cette action est que ce pétrole était produit par les Arabes pour servir leurs ennemis, par l'intermédiaires du marché européen.

Si sa participation à la prise d'otage des athlètes israéliens, lors des jeux Olympique de Munich, en 1972, n'a jamais été établie dans les rapports des différents services secrets ayant mené des investigations sur cette affaire, un diplomate palestinien issu du mouvement Fatah, qui a revendiqué la prise d'otage, nommé Omar Kadiri, la confirme aujourd'hui, en précisant que Mohamed Boudia a été chargé d'assurer le refuge, avant et après l'opération, aux éléments du groupe au nombre de neuf.

Suite à la vague d'assassinats décidée par le gouvernement israélien de Golda Meir, qui a ciblé plusieurs cadres actifs du FPLP et des personnalités pro-palestiniennes d'envergure, en réponse à cette prise d'otage, Mohamed Boudia voulait se venger. Il se déplaça, début 1973, à Madrid, pour abattre, personnellement, l'officier du Mossad en Europe Moshe Harran Ishai, alias Baruch Cohen.

Cela s'est passé le 26 janvier 1973 devant un café de la Gran Via dans la capitale espagnole. L'agent israélien avait été repéré à Paris, lors de l'assassinat, le 8 décembre 1972, du représentant de l'OLP et ami de Boudia, Mahmoud Hamshari. Cette action sera revendiquée par les résistants palestiniens et imputée, par la presse européenne, au groupe de Septembre noir qui avait organisé la prise d'otages de Munich.

D'autres attentats de moindre envergure ont été menés sur le territoire français même, sous la direction de Mohamed Boudia durant la même année : explosion d'une bombe dans les bureaux de l'Agence juive, une association sioniste active.

Le 11 janvier de la même année, un commando pro-palestinien composé d'éléments recrutés et encadrés par Mohamed Boudia, ouvre le feu à l'intérieur d'un restaurant fréquenté par des touristes à Kaiserslautern en Allemagne fédéral. L'un de ces touristes est tué et plusieurs autres sont blessés.

Au Proche-Orient, Mohamed Boudia a pris part à la planification et à l'exécution de plusieurs attentats contre des cibles israéliennes, revendiqués par son compagnon Wadie Haddad, chef des opérations externes du FPLP jusqu'à sa mort en 1978. Parmi ces actions ayant défrayé la chronique, on cite souvent l'attaque de l'aéroport de Lod de Tel-Aviv, menée le 30 mai 1972, exécutée par trois membres de l'Armée rouge japonaise, au nom du Front populaire de libération de la Palestine (FPLP).

L'attentat a tué 26 personnes et blessé 80 autres. Deux des assaillants ont été tués, tandis que le dernier survivant a été capturé après avoir été blessé. Les résistants palestiniens avaient eu l'idée de recruter et d'utiliser des activistes japonais ou sud-américains pour tromper la vigilance des services israéliens à l'affût du moindre mouvement de militants palestiniens.

La liste des actions révolutionnaires auxquelles Mohamed Boudia a pris part est loin d'être exhaustive. De nouveaux témoignages vont certainement mettre au clair des épisodes non connus du parcours héroïque de cet homme prodige.

La première action qu'il accomplit était de coordonner avec les organisations anti-impérialistes actives, notamment les Brigades rouges italiennes, le groupe allemand Baader-Meinhof, l'Armée rouge japonaise, les résistant basques, l'Armée révolutionnaire arménienne, etc. Tous ces mouvements étaient classés comme organisations terroristes par les principaux pays occidentaux, et donc étroitement surveillés par les services de renseignements de ces pays.

Tous les rapports établis par les services français, britanniques, le CIA et le Mossad affirment que Mohamed Boudia était la tête pensante de toutes les aucune preuve contre lui. Les officiers de la DST française étaient particulièrement intrigués par son cas : dans la journée, il s'occupe très tranquillement de ses « répétitions » théâtrales avec les comédiens ; mais la nuit, il devient un autre !

Si officiellement aucune preuve n'a été établie sur son implication dans la prise d'otage organisée par le groupe nommé Septembre noir, lié à l'organisation nationaliste palestinienne du Fatah, lors des jeux Olympiques de Munich de 1972, de nombreux témoignages d'activistes palestiniens attestent aujourd'hui que Mohamed Boudia a coopéré étroitement avec les éléments du commando, en assurant notamment leur hébergement avant l'opération et en organisant, plus tard, leur fuite. Boudia était notamment l'ami de Hassan

Salameh, chef de Force 17, chargé de la sécurité de Yasser Arafat, et à qui il rendait souvent visite quand il se trouvait à Beyrouth.

A la suite de la prise d'otage de Munich, qui coûta la vie à onze athlètes israéliens, le gouvernement israélien répliqua par une série d'attentats aveugles contre des cibles palestiniennes ou pro-palestiniennes, en Jordanie et au Liban où était concentrée la population palestinienne réfugiée, et partout dans le monde. C'est ainsi que le Mossad fut chargé de mener des opérations contre des militants palestiniens en Europe, comme Mahmoud Al-Hamchari ou Bassil Al-Kabissi, tués à Paris en 1973.

Mohamed Boudia, tout en se sachant visé par cette vague de représailles israélienne, dénonça ces attentats et fit signer une motion qu'il publia dans le prestigieux journal parisien Le Monde. Le 28 juin de la même année, il fut tué dans l'explosion de sa Renault 16, devant l'un des immeubles de l'Université de Paris VI, 32, rue des Fossés Saint-Bernard (Paris 5e). L'attentat portait clairement la signature des services secrets israéliens, le Mossad, qui classait Mohamed Boudia comme «ennemi public numéro un».

Mais les autorités françaises n'ont jamais voulu aller loin dans leurs investigations pour dévoiler les auteurs et les commanditaires de cet attentat terroriste – un juge a été désigné pour poursuivre l'affaire –, quand elles n'étaient pas accusées de complicité active avec le Mossad dans l'élimination d'un militant qui dérangeait.

Le chef du célèbre commando palestinien, Mohamed Awda dit Abu Daoud, à sa libération en 1977, obtenue d'ailleurs grâce à une médiation algérienne, s'est rendu devant la tombe de son camarade et frère de lutte Mohamed Boudia au cimetière El-Kettar à Alger. Son fidèle ami, Carlos, a, quant à lui, choisi pour le double attentat qu'il avait préparé en 1975 contre de avions de la campagne israélienne à l'aéroport d'Orly, le nom d'«opération Mohamed Boudia

Atef Bseiso

En 1992, un haut responsable palestinien, Atef Bsesio, avait été tué en France dans des conditions qui rappellent la récente affaire de Dubaï. C'est une affaire peu connue, dans laquelle l'implication des services secrets israéliens ne fait guère de doutes aux yeux de l'ancien juge Bruguière. Un crime presque parfait, dont les conséquences politiques ont été très importantes...

Le 28 juin 1992, Atef Bseiso, est assassiné devant son hôtel du quartier de Montparnasse, à Paris, alors qu'il sort d'une voiture. Les deux jeunes tueurs, en jogging et baskets, ont tiré à plusieurs reprises et achevé la victime d'une balle dans la tête. Un travail de professionnel. Atef Bseiso occupait un poste clé dans l'organisation de Yasser Arafat. Il était chargé du contact avec les services de renseignement étrangers. C'est d'ailleurs à ce titre qu'il venait de rencontrer des responsables de la DST, le service de contre-espionnage français.

Son assassinat a eu des répercussions inattendues puisqu'il a permis d'identifier un "taupe" recrutée par le Mossad au sein de l'Organisation de libération de la Palestine (OLP) à Tunis, dans l'entourage d'Arafat. C'est cet agent double, Yassine Adnan, qui avait informé les services israéliens de la présence de Bseiso à Paris. Par la suite, on apprendra même qu'il avait aidé à truffer de micros le fauteuil du principal responsable de l'OLP lors des négociations d'Oslo avec les Israéliens. Ces écoutes avaient permis au Mossad de connaître dans le détail les positions du Fatah lors de ces pourparlers.

L'enquête menée en France par le juge Bruguière, la brigade criminelle et la DST a également mis à jour le système de transmission secret utilisé par le Mossad pour communiquer à l'étranger. En l'occurrence, il s'agissait d'un réseau, très sophistiqué pour l'époque, de "boites vocales" utilisé par les agents pour entrer en contact avec leurs "traitants". Une découverte qui a conduit le Mossad, par précaution, à détruire tout son système.

Cet épisode de la guerre sécrète des services, révélé par le juge antiterroriste dans ses mémoires, a été une façon, pour les Français, de rendre la monnaie de leur pièce aux israéliens. La France n'avait en effet pas beaucoup apprécié, comme Dubaï aujourd'hui, que l'on vienne régler des comptes sur son territoire. Il n'y a pas eu de suite judiciaire "officielle" à l'affaire de Montparnasse, car Yasser Arafat a refusé de faire entendre Yassine Adnan par la justice française, qui le réclamait. Ensuite, l'homme a mystérieusement disparu

La liste des assassinats

Wael Adel Zuaiter, assassiné à Rome le 17 octobre 1972.

Hussein Ali Abu al-Khmer, assassiné à Chypre le 6 avril 1973.

Bassel Rauf al-Kais, assassiné à **Paris** le 6 avril 1973.

Mahmoud Abu Daieh, assassiné à **Paris** le 28 juin 1973.

Mahmoud Walad Saleh, assassiné à **Paris** le 2 février 1977.

Said Hamami, assassiné à Londres le 2 février 1978.

Ezz al-Din al-Kalak, assassiné à **Paris** le 3 août 1978.

Ibrahim Abed al-Aziz, assassiné à **Paris** le 15 décembre 1979.

Samir Tokan, assassiné à Chypre le 15 décembre 1979.

Zuheir Mohsen, assassiné en **France** le 26 juillet 1979.

Josef Mubarak, assassiné à **Paris** le 18 février 1980.

Majed Abu Sharar, assassiné à Rome le 9 octobre 1981.

Naim Khader, assassiné à Bruxelles le 7 décembre 1981.

Mohammad Taha, assassiné en **Allemagne** en 1982.

Kmal Hasan abu Dalo et Nazeh Matar, assassinés à Rome le 26 juin 1982.

Fadel Sad Anani, assassiné à **Paris** le 23 juillet 1982.

Ma'amon Imresh al-Sghaier, assassiné à Athènes le 20 août 1983.

Jamel Abed al-Khader Abu al-Rob, assassiné à Athènes le 22 décembre 1983.

Hnna Meqbel, assassiné à Nicosie le 13 mai 1984.

Khaled Ahmad Nazzal, assassiné à Rome le 9 juin 1986.

Monther Jode abu Ghazale, assassiné à Athènes le 21 octobre 1986.

Mohammad Hasan Behias, Mohammad Basem Hamdi et **Marwan al-Kayali**, assassinés à Limassol (Chypre) le 14 février 1988.

Chapitre 3

Mossad et Diaspora

Le Mossad est un service secret au service des juifs du monde entier. Vous êtes Belge, ou Français et juif (*athée ou pas, sioniste ou anti-sioniste*) et bien le Mossad reste un service secret bien à vous, rien qu'à vous.

Depuis le 11 septembre 2001, des tentatives d'attentat ont été dirigées sur des synagogues à Istanbul et dans l'île de Djerba en Tunisie, sur des institutions juives et des biens au Maroc, et sur un certain nombre de centres communautaires aux États-Unis, y compris à New York – et ce n'est qu'une liste partielle des incidents les plus graves et les mieux connus.

Les services de renseignement israéliens se sont toujours considérés comme responsables, non seulement pour la sécurité des citoyens israéliens, mais aussi pour celle des communautés juives à l'étranger. Cette doctrine du "service secret du peuple juif" remonte à la création du Mossad Le'Aliyah Bet, une branche de la Haganah clandestine qui introduisait en Palestine des immigrants illégaux juifs au nez et à la barbe des autorités mandataires britanniques, et est restée en vigueur après la création de l'État d'Israël.

Les deux unités ont été désignés comme les successeurs du Mossad Le'Aliyah Bet, qui a été dissous en 1952. La plus secrète des deux était l'unité du Mossad Bitzur, chargée de superviser l'immigration de Juifs en provenance de pays où leur vie était en danger ainsi que la protection des communautés juives de la Diaspora. L'autre, Nativ, a encouragé l'immigration des juifs de l'Union soviétique et d'Europe, et après la chute du rideau de fer a été chargée de délivrer les visas d'immigration, de la création de centres culturels et du suivi de toutes les manifestations de l'antisémitisme.

Au fil des ans, les deux unités ont reçu une aide des organisations de défense juive, en particulier l'American Jewish Joint Distribution Committee. La relation entre l'organisation américaine et la communauté du renseignement en Israël avait commencé avant même la création de l'Etat d'Israël…

A l'époque où se développait une intense campagne de propagande contre l'U.R.S.S. pour qu'elle autorise l'émigration de «ses» juifs, l'essentiel des efforts d'Israël et des organisations sionistes était consacré à ce que surtout ils n'émigrent pas vers les pays où ils souhaitaient pour la plupart aller, mais qu'ils soient envoyés, bon gré mal gré, en Israël et nulle par ailleurs.

A la fin du mois d'octobre dernier 1980, une conférence consacrée au sort des Juifs soviétiques se tenait à Copenhague où fut, une fois encore, discuté le problème des drop-outs. Les dropout (*littéralement : "les déchets"*) ce sont ce nombre croissant de Juifs qui quittent l'union soviétique et qui, malgré les accords conclus, refusent de se rendre en Israël. Une résolution qui y fut votée présentait le départ de Juifs soviétiques vers des pays autre qu'Israël comme contraire à la *"justification morale unique du droit des Juifs à quitter l'Union Soviétique"*.

Extraordinaire argumentation de la part d'organisations – l'Agence Juive par exemple, annexe de l'État d'Israël – qui ont toujours présenté le droit des Juifs d'Union Soviétique à émigrer comme un cas particulier des droits de l'Homme et les obstacles dressés par les autorités comme une violation de ces mêmes droits.

Or, la résolution votée à Copenhague reconnaît qu'il y a, dans cette affaire, non pas un droit à la libre circulation, mais un devoir à un certain type d'émigration, celle quasi-obligatoirement dirigée vers Israël. La question est d'autant plus pertinente que les autorités israéliennes ont multiplié, pendant des années '80, les interventions auprès du gouvernement américain pour l'inciter à empêcher l'entrée aux États-Unis de Juifs en provenance d'U.R.S.S. M. Begin, premier ministre à l'époque, a fait une série de démarches personnelles dans ce sens, et une vive pression a été exercée sur les organisations de solidarité judéo-américaines comme le Joint et l'Hias. Ce qu'on leur demande, c'est de contribuer à la canalisation des réfugiés juifs soviétiques vers Israël.

Or, la grande majorité – 75% environ selon une étude – des juifs d'U.R.S.S. candidats au départ ne souhaitaient pas aller en Israël, préférant de loin les États-Unis, et plus encore *"un sondage d'opinion montrait que 75% des juifs venant d'URSS et qui vivent aujourd'hui aux États-Unis auraient choisi de rester en Union Soviétique si leur seul lieu d'émigration possible avait été Israël"*.

Voilà, un démenti vivant de la prétention idéologique des sionistes lorsqu'ils présentent leur mouvement comme la preuve de la volonté d'émancipation nationale du peuple juif. Car voilà des masses importantes de juifs qui, lorsqu'ils peuvent quitter le pays où ils vivent, ne souhaitent nullement se rendre dans la patrie qu'on leur propose et vers laquelle on les pousse, mais préfèrent rejoindre le "paradis américain".

Les branches Mossad Bitzur et Nativ du Mossad avaient donc pour mission non pas tant ou en tous cas pas seulement, d'assurer la protection de communautés juives de la diaspora en butte à des persécutions – réelles ou fantasmées à des fins de propagande – que de contraindre autant que possible les juifs attirés par des perspectives de vie plus confortable à émigrer vers Israël, qu'ils le veuillent ou non.

Mais, il y a eu dans l'histoire récente, un changement spectaculaire : rares sont encore les pays qui mettent encore des entraves au départ des juifs qui y vivent. Et on constate que dans leur très grande majorité ceux-ci n'émigrent pas et quand ils le font, ce n'est toujours pas en majorité vers Israël.

De sorte, que Bitzur et Nativ ont au cours des dernières années eu bien du mal à déterminer en quoi consiste leur mission, et que d'aucuns, jusque dans les hautes sphères israéliennes, ont préconisé leur dissolution.

Mais la branche Nativ a un "ange gardien" : Avigdor Lieberman, qui s'en sert comme instrument de propagande pro-immigration dans les pays qui composent aujourd'hui la "Communauté des États Indépendants" (*sur le territoire de l'ex-URSS*).

Quant à la branche Bitzur, les nouvelles menaces terroristes lui procurent à point nommé une cure de jouvence, et les projets ne manquent pas : il s'agirait par exemple d'organiser dans des pays comme la France ou la Russie des "cours d'auto-défense" comme – Israël le fit dans les années 1950 pour protéger les Juifs du Maroc, de Tunisie et d'Alger et dans les années 1960 en Amérique du Sud (*principalement en Argentine et au Paraguay*).

Des milices juives existent déjà, notamment en France, où sévit en toute impunité la soi-disant "Ligue de Défense Juive (LDJ)" ou le "BETAR", qui se livrent régulièrement à des agressions, parfois jusqu'à l'intérieur même des Palais de Justice...

L'idée que le Mossad – qui leur assureraient entraînement para-militaire et financement – pourrait intervenir ouvertement dans la création et l'entretien de milices juives en Europe et ailleurs est donc dans l'air, en Israël et certainement dans ses innombrables officines.

Tzipi Livni

Comment la femme qui devrait devenir la prochaine dirigeante d'Israël a gagné ses galons comme agent travaillant pour une cellule clandestine dans une unité d'élite d'espion(ne)s. C'est un épisode dangereux dans sa jeunesse comme espionne de l'un des services secrets les plus respectés et les plus redoutés du Monde.

Fidèle à sa formation, Tzipi Livni, probablement la future dirigeante israélienne, a gardé un silence de Sphinx sur sa carrière au Mossad à Paris dans le début des années 80. Par conséquent, on lui a attribué des activités allant de celle d'un agent de première ligne chassant des « terroristes » arabes à travers l'Europe à celle d'une gardienne d'habitation en poste pour fournir une couverture respectable à des lieux sûrs du Mossad dans la capitale française.

Livni a couru des risques sérieux comme agent opérant au sein d'une cellule clandestine en Europe. «*Elle faisait partie d'une unité d'élite*» a dit Ephraim Halevy, un ancien directeur du Mossad, qui pour des raisons de sécurité a refusé de spécifier dans que groupe elle avait servi entre 1980 et 1984. «*S'était un agent très prometteur, qui a fait preuve de toutes les qualités requises pour faire une brillante carrière. On pensait beaucoup de bien d'elle.*»

Livni, qui maîtrise couramment le français, fille de combattants sionistes connus, a été en mission à Paris alors que la ville était le champ de bataille mortel d'une guerre clandestine du Mossad contre les groupes militants palestiniens et les ambitions nucléaires de Saddam Hussein.

Une ancienne source du renseignement israélien a dit au Times que Ms Livni, alors âgée de 22 ans, avait été recrutée pour le compte du Mossad après son service national militaire par une amie d'enfance, Mira Gal, qui elle –même a travaillé pour l'agence pendant deux décennies et qui maintenant travaille comme responsable de bureau de son ministère.

Comme de nombreuses recrues, a dit la source, elle aura commencé avec des « petits boulots d'étudiants », principalement pour garder les habitations sécurisées utilisées par des commandos et des agents plus sérieux en mission en Europe. Mr Halevy a dit que même ce genre de boulots pour débutants n'était pas sans risques.

«Je ne dis pas qu'elle était chargée de garder des habitations sécurisées mais les gens pensent que de garder un lieu est un boulot simple et quelconque qui ne fait courir aucun risque» a dit l'ancienne maître espionne au Times. *«Les gens qui disent cela ne savent pas ce que sont ces habitations sécurisées. Cela peut être très dangereux parfois».*

Après son apprentissage, Livni a reçu une formation d'officier de terrain, apprenant comment recruter des agents et collecter des informations à une époque de grand bouleversement chez les ennemis d'Israël, alors que l'Organisation de Libération de la Palestine (OLP) se relocalisait de Beyrouth ravagée par la guerre en des lieux plus sûrs en Tunisie.

«C'est une époque ou les israéliens envoyaient des messages politiques forts par leurs attaques, et ils n'hésitaient pas à attirer l'attention» a dit Eric Denécé, un ancien agent des services de renseignements français.

«Depuis la guerre des six jours, (en 1967), Paris était une base importante pour les services secrets du Mossad – d'abord parce qu'il avait d'excellentes relations avec les services français et aussi parce que de nombreux Palestiniens y étaient basés ».

Les agents israéliens opérant en dehors de Paris ont perpétré des assassinats et on croit également qu'ils ont infiltré les factions palestiniennes. Parmi eux il y avait Ilich Ramirez Sanchez, alias Carlos le Chacal, et le groupe dissident d'Abu Nidal. Le groupe a commis le massacre du restaurant Goldenberg dans la rue des Rosiers en août 1982, tuant 6 personnes, et l'attaque à la bombe du train express Paris Toulouse qui a fait 5 morts la même année.

Le Mossad avait deux bases à Paris à l'époque selon Roger Faligot qui a écrit plusieurs livres sur les services secrets. L'une couvrait la France et l'autre l'Europe de L'Ouest.

A cette époque, Israël nommait un grand nombre d'agents femmes qui n'étaient pas seulement recrutées dans les forces armées, mais aussi à cause de leur maîtrise des langues et leurs capacités d'analyse. Quand on scrute la carrière de Livni on peut conclure qu'elle était du côté politique et analytique du Mossad.

Les agents du Mossad à Paris luttaient également pour empêcher Saddam Hussein de développer un arsenal atomique et transporter du combustible nucléaire à son nouveau processeur à Osirak, juste en dehors de Bagdad. En juin 1980, un scientifique d'origine égyptienne travaillant sur le programme nucléaire irakien a été retrouvé assassiné dans sa chambre d'hôtel, un meurtre qu'on a attribué au Mossad. Une prostituée qui avaient entendu des voix venant de la chambre de celui-ci la nuit de son assassinat a été tuée un mois plus tard lors d'un accident de la route mystérieux, renversée par une voiture qui s'est enfuie.

Menahem Begin, le Premier Ministre de l'époque, a dit qu'il espérait que la France en avait «tiré la leçon » pour avoir aidé l'Irak. Un an plus tard, des bombardiers israéliens ont frappé la centrale d'Osirak l'a réduisant en morceaux.

Un rapport français a cité des experts suggérant que Livni a fait partie d'une unité spéciale qui a empoisonné le scientifique nucléaire irakien, Abdul Rasul, lors d'un déjeuner à Paris en 1983. *«Les risques étaient réels »* a dit Gal à propos de cette période au sein du Mossad. « *Si j'avais commis une erreur, le résultat aurait été une arrestation et des implications politiques catastrophiques pour Israël.* »

Les risques encourus par les Israéliens travaillant à Paris ont été brutalement démontrés en 1982 lorsqu'un militant armé du groupe Abu Nidal a tiré une balle dans la tête de l'ambassadeur israélien à Londres, Shlomo Argov, le blessant grièvement et déclenchant l'invasion du Sud Liban par Israël pour en chasser l'OLP.

«Il faut à la fois du courage et du jugement pour prendre la bonne décision au bon moment» a dit Halevy. *«Vous engagez toute une équipe et vous pouvez déclencher toutes sortes d'autres problèmes qui vont au-delà de la question dont vous vous occupez».*

Sayanim

Israel vient de prendre une mesure a priori banale mais lourde de significations, sur leur état d'esprit et sur leur vision de la coexistence avec les Arabes. Ces autorités vont recruter 500 propagandistes pour montrer le «bon visage» d'Israël, lutter contre sa dé-légitimation, et inverser le large mouvement de boycott qui prend des dimensions inquiétantes.

Le recrutement des 500 propagandistes payés par le contribuable nous renseigne sur un point capital. Israël se conduit au fond comme n'importe quel État colonial. Puissant et arrogant, méprisant la population indigène, pourquoi accorderait-il à cette populace soumise et humiliée une souveraineté étatique ? Même un protectorat dont la pauvre "Autorité" palestinienne se contenterait à condition de sauver les apparences semble trop pour la 5e puissance nucléaire du monde.

La France fait évidemment partie des cibles prioritaires. Pour les plus jeunes qui n'ont pas connu la «belle époque» du sionisme triomphant, ils auront du mal à comprendre ce besoin de propagande. Le régime sioniste, jusqu'à il y a une vingtaine d'années, n'avait pratiquement pas à en faire. Il était adulé, glorifié, mythifié, admiré, envié, cité en exemple.

A l'époque

En juin 1967, à la veille de lancer sa guerre d'agression qui lui a permis de multiplier son territoire par 10, une guerre minutieusement préparée pendant des années grâce à leurs réseaux d'espions en Égypte et en Syrie, Israël avait reçu le soutien de centaines de milliers de Français, dont celui de Jean-Paul Sartre et de Serge Gainsbourg, mobilisés pour empêcher cette petite «démocratie socialiste, progressiste et humaniste» d'être rayée de la carte. Des brigades internationales commençaient à être formées pour aller le soutenir. Comme pour l'Espagne républicaine.

Et pendant les 10 années qui avaient suivi cette guerre, et alors que l'armée d'occupation sioniste nettoyait ethniquement la Cisjordanie et le Golan (*100 000 Palestiniens chassés de Jérusalem en quelques semaines*) et imposait son ordre implacable sur les populations occupées, des dizaines de milliers de jeunes européens allaient travailler bénévolement dans les kibboutzim, souvent pendant une année, pour s'imprégner de «l'humanisme sioniste».

C'était l'époque des "sabras" que Paris-Match glorifiait à longueur de numéros. Ce nouvel homme juif né en Israël, d'apparence dure mais si tendre à l'intérieur, au regard clair, intrépide et généreux, puissant et humaniste, un combattant hors pair, idéaliste et audacieux. Sa valeur était de 1 contre 1000 Arabes sur le marché des prisonniers.

C'était l'époque où un Lanzmann pouvait réaliser un film sobrement intitulé "TSAHAL", avec l'argent public, distribué et diffusé le plus normalement du monde, à la gloire de cette armée unique au monde, la plus «éthique», l'émanation d'un peuple héroïque, le concentré de la morale et du courage. Et cela 6 ans après la guerre de juin 67 et alors que la soldatesque sioniste expulsait, rasait des maisons, torturait, arrêtait, humiliait, prenait des otages, comme n'importe quelle armée d'occupation.

C'était l'époque où un Finkelkraut pouvait sans remords se déclarer humaniste et progressiste, remercier la France pour sa générosité, appeler à la coexistence de tous, y compris les musulmans. Il n'avait rien à craindre pour sa patrie de cœur.

C'était l'époque où le mot Israël suscitait la sympathie et l'admiration, où l'État sioniste semblait installé pour l'éternité, même dans ses nouveaux territoires légitimement conquis. Nul besoin d'invoquer la Shoa ou l'antisémitisme. D'ailleurs on en parlait si peu. Les faux prétextes viendront plus tard.

L'imprégnation sioniste de la société française suivait son bonhomme de chemin, dans une harmonie lénifiante, comme dans un tableau de Renoir.

Et puis une nouvelle génération est arrivée que ne croyait plus à ces belles légendes. L'information a percé les écrans de la censure judéo-sioniste et de leurs complices attitrés, des goyim musulmans ou chrétiens comptant sur l'influence légendaire du Lobby et ses retombées, médiatiques et financières.

Et surtout la réalité de l'occupation était tout simplement là, dans toute sa dureté, son injustice, ses crimes, son racisme, son apartheid et ses ratonnades. On a « redécouvert » la Shoa et on en a fait une espèce de sacralité intouchable censée attendrir le cœur et la raison des incroyants, en les prenant en main de préférence dès leur entrée au collège. Il y aurait trop à dire, comme pour l'exploitation à outrance de «l'antisémitisme». Mais gare au risque de saturation et de l'effet boomerang.

Ce qui ébranle cette armada de type mafieux à la double allégeance, le portefeuille en France et le cœur en Israël, c'est que malgré la toile d'araignée dans laquelle elle étouffe et prend en otage tous les champs de la société, Israël est de plus en plus détesté. Mais pas uniquement par les musulmans comme veulent nous le faire croire désespérément Finkelkraut et ses acolytes. Songez aux sondages commandés par la Commission européenne et que celle-ci cache honteusement parce qu'ils sont terriblement hostiles au seul « Etat juif et démocratique ».

Et pourtant, les serviteurs d'Israël ne relâchent pas la pression. Les Patrick Cohen, les Lanzmann, les Elkabbach, les Adler, les Bruel, les Finkelkraut, les Cyril Hanouna, les Yvan Attal, les Patrick Timsit, les Lévy (*Maurice pour la pub et Elisabeth pour l'animation de la meute*) etc. chapeautés par le grand manitou des réseaux, le contrôleur d'Arte, le proprio de Libé, le sous-marin du Mossad en Libye, l'empereur de l'édition et du cinéma, le gourou de Canal +...

Ils surveillent et sanctionnent. Trois rédacteurs en chef de RFI limogés pour déviance idéologique à l'égard d'Israël. Eyal Sivan qui avait eu le tort de réaliser «ROUTE 181» n'a plus jamais trouvé de financements en France. Une anecdote qui montre la servilité empressée des médias au Lobby : Un artiste engagé avait participé récemment au Grand Journal de Canal +. Il portait un t-shirt avec écrit dessus «Free Palestine». On l'a constamment filmé en plan serré pour que le slogan n'apparaisse jamais à l'écran. Le réalisateur devait avoir des sueurs froides. L'ombre tutélaire de BHL plane sur les médias, vigilante, menaçante et vindicative. «Ils» ont suffisamment de puissance et d'influence pour abattre n'importe qui.

Sans compter la classe politique française, presque dans son entier, qui se presse au dîner du CRIF, en courbant l'échine, tout sourire, pour recevoir qui des félicitations, qui des admonestations, mais des injonctions et des instructions pour tous. Valls criant son sionisme une kippa blanche sur la tête! A quand sa conversion pleine et entière à la religion du peuple élu ?

Modus Operandi

Les "sanayim" [assistants, en hébreu] doivent être juifs pur sucre, à 100 %. Ils vivent à l'étranger et, bien qu'ils ne soient pas citoyens israéliens, la plupart d'entre eux ont été contactés à travers leur parenté en Israël. Un Israélien ayant un parent en Angleterre, par exemple, peut se voir requérir de lui écrire une lettre expliquant que la personne porteuse du pli représente une organisation dont le principal objectif est de sauver des juifs dans la diaspora : le parent british pourrait-il aider, d'une manière ou d'une autre ?

Il y a des milliers de "sanayim", répartis dans le monde entier. Uniquement à Londres, il y en a près de deux mille dans l'active, et 5 000 en réserve. Ils jouent des rôles nombreux et variés. Un sayan "automobile", par exemple, dirigeant une compagnie de location de voitures, pourra aider le Mossad à louer un véhicule sans avoir à remplir les documents d'usage. Un sayan "appart'" trouvera un logement sans soulever de soupçons, un "sayan" banquier pourra vous procurer de l'argent, si vous en avez besoin, même au beau milieu de la nuit, un sayan médecin pourra soigner une blessure par balle sans en référer à la police, etc.

L'idée, c'est de disposer d'un pool de personnes disponibles lorsque vous avez besoin de gens capable de fournir certains services, mais qui observera la discrétion la plus extrême au sujet desdits services, en raison de leur loyauté à la cause. Ils ne sont pas rémunérés, mais seulement indemnisés.

Et c'est ainsi que vous avez, à votre disposition, un système de recrutement totalement exempt de risques qui, de fait, met à votre disposition un pool de millions de juifs dans lequel vous pouvez puiser, à l'extérieur de vos propres frontières ! Il est bien plus facile d'opérer avec des gens déjà disponibles dans la place, et les sanayim apportent des services incroyables, absolument partout dans le monde. De plus, ils ne sont jamais mis en danger, ni mis dans le secret des dieux…

Imaginons que, durant une opération, vous êtes un katsa et que vous ayez soudain besoin d'un magasin d'électronique en guise de couverture. Un simple coup de fil à un sayan travaillant dans cette branche du commerce vous permet de rassembler 50 téléviseurs, 200 magnétoscopes… absolument tout ce que vous voulez… à partir de son stock : il vous les amène à l'immeuble que vous lui désignez et, en moins de temps qu'il n'en faut pour le dire, vous avez votre magasin d'électronique, avec même de 3 à 4 millions de dollars de stock, dans l'arrière-boutique !

Le plus gros de l'activité du Mossad s'effectuant en Europe, il est préférable d'avoir une adresse professionnelle en Amérique du Nord. Ainsi, il y a des adresses sanayim, et des numéros de téléphone sanayim. Si un katsa doit donner une adresse ou un numéro de téléphone, il peut utiliser ceux d'un sayan. Et si le sayan reçoit une lettre, ou un appel téléphonique, il saura immédiatement que faire.

Certains sanayim hommes d'affaires ont un pool de vingt opérateurs à leur disposition, qui répondent au téléphone, tapent des courriers, faxent des messages, et tout ça n'est qu'une façade pour le Mossad ! Le clou de cette histoire, c'est que 60 % du chiffre d'affaires des compagnies de plateformes téléphoniques, en Europe, sont dus au Mossad : sans lui, il y a longtemps que ces boîtes auraient mis la clé sous le paillasson !

Le seul problème, avec ce système, c'est le fait que le Mossad n'a apparemment aucun état d'âme en ce qui concerne l'effet dévastateur qu'aurait la révélation de ces manigances pour le statut des juifs vivant dans la diaspora. La réponse que vous obtenez, si vous soulevez cette question, est la suivante : "*Et puis après ? Qu'est-ce qu'il pourrait leur arriver, au pire, aux juifs ? Ils viendraient tous en Israël, non ? C'est ça, qui serait génial !*"

Les gens pensent erronément que le Mossad est désavantagé par le fait qu'il ne dispose pas de pied-à-terre dans les pays assurément cibles. Les Etats-Unis, par exemple, ont une plateforme à Moscou, et les Russes en ont, à Washington et à New York. Mais Israël n'a pas d'observatoire à Damas. Ce que les gens n'arrivent pas à comprendre, c'est le fait que le Mossad considère que l'ensemble du monde, en-dehors d'Israël, est une cible – y compris l'Europe, et les Etats-Unis !

La plupart des pays arabes ne produisent pas leur propre armement. La plupart d'entre eux n'ont pas de grandes écoles militaires, par exemple. Si vous voulez recruter un diplomate syrien, vous n'avez pas à aller à Damas pour ce faire. Vous pouvez le faire… à Paris ! Si vous voulez des infos sur un missile arabe, vous l'obtiendrez à Paris, ou à Londres, capitales des pays où ce missile est fabriqué. Vous obtiendrez moins d'infos sur l'Arabie Saoudite de la part des Saoudiens eux-mêmes que vous n'en recueillerez auprès des Américains.

Le pire qui puisse arriver à un katsa du Mossad pincé en train de travailler avec un agent blanc en France, c'est d'être expulsé vers Israël. L'agent blanc en cause risque d'être éventuellement accusé de haute trahison. En revanche, si vous travaillez avec un Arabe, vous vous mettez autant en danger que lui.

CRIF

Le CRIF est devenu un acteur central de la vie politique française. Son diner annuel est devenu l'un des évènements politico-médiatiques les plus courus, auquel assiste une très grande partie de la classe politique et qui réunit presque autant, voire plus, de ministres que le défilé du 14 juillet. Malgré cela, il fait l'objet de peu d'enquêtes, y compris dans les journaux, avides de révéler les dessous du et des pouvoirs.

Le Conseil représentatif des institutions juives de France (CRIF) fédère aujourd'hui plus d'une soixantaine d'associations juives. La dénonciation du CRIF et de son « pouvoir » est devenu l'un poncifs du discours « antisioniste » hexagonal. Certains veulent y voir une sorte de vitrine institutionnelle d'un « lobby sioniste» à l'influence démesurée. Une représentation qui conforte la théorie du complot selon laquelle les Juifs – ou, dans une version d' euphémisme, les « sionistes » – tirent les ficelles du monde.

Le CRIF se forme à la fin de l'année 1943 dans la clandestinité et se donne pour objectif d'être la voix politique des Juifs de France. Il s'agit alors de s'assurer qu'une fois la guerre finie, les Juifs retrouveront tous leurs droits de citoyens dans la société française. L'existence publique du CRIF ne débute pas avant les années 1980. Jusqu'alors, ce n'était qu'un rassemblement associatif inconnu de tous.

Ce n'est que depuis la fin des années 1970 que l'expression d'une solidarité avec Israël est un but affiché. Depuis 2000, cette solidarité s'est muée en soutien inconditionnel. Pourtant, le CRIF doit bien constater le peu d'influence qu'il a, surtout en comparaison avec l'AIPAC. La relation franco-israélienne, même dans les moments de « lune de miel » (le début du premier septennat de Mitterrand, celui de Nicolas Sarkozy) ne permet pas au CRIF d'avoir une réelle influence sur les décisions politiques. Contrairement à l'AIPAC, qui peut affirmer être à l'origine de votes en faveur d'Israël, au sein de la Chambre des représentants et du Sénat, le CRIF n'a aucun poids sur les députés français, et encore moins, par exemple, sur la délégation française à l'ONU, qui vote des résolutions condamnant la colonisation israélienne des Territoires occupés palestiniens.

Le CRIF devient rapidement la bête noire du Front national, contre lequel il a joué un rôle important dans la dénonciation des discours racistes et antisémites. La presse d'extrême droite dénonçait régulièrement les institutions juives comme faisant parti du «lobby de l'immigration» et du « complot cosmopolite » au même titre que le MRAP ou la LICRA.

Depuis 2000, avec la place centrale du conflit israélo-palestinien dans le débat français et dans les actions, beaucoup plus régulières et importantes, du CRIF, un autre discours présente cette organisation comme un «lobby sioniste», sous-entendu un lobby tout puissant et aux visées dévastatrices. Le CRIF est un lobby, mais il n'a qu'une influence toute relative et des moyens très limités. Il se fait beaucoup entendre mais il est aussi l'objet d'une utilisation politique de la part du pouvoir. Prêter au CRIF des pouvoirs de sorciers n'aide pas à comprendre les rapports de force politiques.

Dans le contexte de la seconde Intifada et de ses répercussions en France, le CRIF a considéré qu'il devait «parler haut et fort», selon l'expression de Roger Cukierman (*président du CRIF de 2001 à 2007*). Les institutions n'ont alors pas hésité à se confronter au gouvernement de Lionel Jospin sur la question de la lutte contre l'antisémitisme ainsi qu'à Jacques Chirac, dont la politique étrangère était perçue comme trop favorable aux Palestiniens. Ce changement de style et cette volonté de s'engager politiquement a amené le CRIF à être très présent dans l'espace médiatique, à devenir un acteur engagé qui ne se tient jamais en retrait.

Le CRIF bénéficie aujourd'hui d'une écoute particulière de la part des médias et des autorités politiques. Le dîner annuel où se rendent par dizaines députés, sénateurs, ministres et, depuis 2008, le président de la République, tend à accréditer l'idée selon laquelle le CRIF est très puissant.

Pour comprendre la place si spécifique de cette organisation, il faut revenir sur le passé récent. Les années 1980 marquent l'entrée du CRIF, jusque là très peu actif et inconnu de tous, sur la scène publique. Cette émergence tient à la personnalité de Théo Klein, avocat franco-israélien, qui en prend la tête en 1983. Il lance notamment en 1985 le dîner annuel, une rencontre avec le Premier ministre. Le CRIF commence donc à être connu mais, plus important encore, devient progressivement un partenaire des pouvoirs publics.

A partir des années 1990, cette nouvelle présence du CRIF coïncide avec les politiques publiques liées au «devoir de mémoire», sur des sujets comme la déportation des Juifs et la responsabilité de Vichy. Ces thèmes ont une résonance très forte dans la société. Le CRIF, comme interlocuteur juif public, a acquis une légitimité symbolique forte.

Cette légitimité se couple ces dernières années à la volonté du CRIF de défendre en toutes circonstances les actions d'Israël. Cela explique ses interventions dans des domaines très divers, comme l'a encore montré l'annulation récente du meeting en faveur de Stéphane Hessel à l'Ecole normale supérieure (ENS), dont le CRIF s'est non seulement ouvertement félicité mais a aussi laissé entendre qu'il en était à l'origine – bien que la directrice de l'ENS, Monique Canto-Sperber, assure qu'elle a pris sa décision indépendamment de toute pression. Cet épisode montre la place spécifique du CRIF. Pourtant, cette annulation est une victoire à la Pyrrhus, qui a pour résultat principal de détériorer son image.

Un autre élément essentiel dans cette configuration tient à la proximité avec le pouvoir politique. C'est souvent une priorité pour un président du CRIF d'être proche du locataire de l'Elysée, surtout si celui-ci est vu comme un «ami d'Israël ». Dès lors, le CRIF réduit son autonomie politique, en multipliant les signes d'allégeances à l'égard du pouvoir. En particulier sous Nicolas Sarkozy, cela entretient l'idée d'une alliance dans laquelle le CRIF dicterait au président sa politique alors que c'est surtout l'inverse qui est vrai : l'Elysée utilise le CRIF comme un outil politique.

Depuis dix ans, le CRIF a la volonté d'étendre sa défense d'Israël à des confrontations avec des personnalités (journalistes, associatifs, politiques) critiques de la politique d'Israël. Cette politique amène les institutions juives à apparaître progressivement comme un groupe de censeurs, à utiliser leur statut dans la société française pour apporter la contradiction, mais aussi pour discréditer celles et ceux qui défendent d'autres positions sur le conflit israélo-palestinien. Le CRIF se trouve face à un dilemme : peut-il d'un côté se présenter comme un partenaire des pouvoirs publics, dans la lutte contre l'antisémitisme et les politiques mémorielles, incarner une certaine partie de l'histoire de la France et, de l'autre, être un acteur partisan du débat sur Israël ? Le risque de confusion est grand.

Le Mossad recrute

L'intérêt soutenu, suscité tant en Israël qu'à l'étranger par l'affaire Ben Zygier (*ce Juif australien recruté par le Mossad qui s'est suicidé dans une prison israélienne en décembre 2010*), a braqué les projecteurs sur la fascinante question des méthodes de sélection des candidats potentiels au métier d'agent secret. Sur son site Internet, le Mossad se définit comme "service secret de renseignements d'Israël"

Il présente sa mission comme *"la collecte d'informations, l'analyse de renseignements et l'accomplissement d'opérations secrètes spéciales hors des frontières d'Israël"*. Le site encourage le public, tant en Israël qu'à l'étranger, à poser sa candidature pour des emplois dans des spécialités variées : graphiste, logisticien, informaticien, mais aussi spécialiste de langues étrangères, en particulier le perse et l'arabe.

Il apparaît clairement que l'étape cruciale du recrutement réside dans une sélection judicieuse des candidats potentiels. Le premier examen approfondi des individus vise à établir s'ils conviendront pour les missions qui leur seront assignées et, surtout, s'ils ne risquent pas de saboter leur travail ou de commettre des bourdes susceptibles de porter atteinte aux intérêts nationaux d'Israël. L'objectif ultime est de s'assurer qu'ils resteront loyaux envers l'organisation.

Les emplois proposés sont présentés avec force superlatifs : *"Le poste qui changera votre vie"* ou *"Le travail de vos rêves* !"Agents de terrain, contacts et analystes. Voici un exemple de poste dans le domaine des "missions spéciales" : le candidat, dit-on, *"aura l'opportunité de créer une réalité dans laquelle il jouera le rôle central"*. On se croirait dans La Petite Fille au tambour, le roman d'espionnage de John le Carré, dans lequel l'auteur compare les métiers du renseignement à l'art dramatique.

En fait, la présentation ci-dessus correspond à la description d'un emploi de katsa, acronyme hébraïque pour "officier de collecte". Dans d'autres services de renseignements, on appelle cela "contact". En dépit de son image à l'étranger, qui veut que l'organisation assure surtout la liquidation d'ennemis, le Mossad est loin de se limiter à cette activité. Durant ses plus de soixante ans d'existence, il n'a été impliqué que dans une quarantaine d'assassinats ciblés de terroristes, spécialistes du nucléaire ou criminels de guerre nazis. Son activité consiste surtout au recueil et à l'analyse d'informations.

Le katsa joue un rôle essentiel au sein du Mossad. Il est indispensable. C'est la tête de pont de l'agence sur le terrain. Avec l'aide de spécialistes basés au quartier général, il est chargé de repérer, d'approcher, de recruter, d'entraîner, de défendre et d'assister au jour le jour l'agent censé procurer les renseignements. Il appartient au département que l'on appelle le Tsomet ("carrefour").

Autre département du Mossad, le Keshet ("arc") a pour rôle de surveiller les cibles autant que de s'infiltrer dans les lieux qui intéressent l'agence. Enfin, le troisième département, le Césarée, est responsable du bien-être des petits chouchous du Mossad : les agents de terrain. Ce sont ces derniers qui s'infiltrent dans des pays ennemis, comme la Syrie, le Liban ou, le plus dangereux, l'Iran. L'une des unités du Césarée est le Kidon ("baïonnette"), qui mène les opérations les plus délicates nécessitant un recours à la violence. Ecarter les personnalités troubles pour éviter les fiascos

L'une des grandes fonctions du site Internet est d'élargir le réseau de candidats potentiels au Mossad. Avant sa création, il y a quinze ans, on exploitait seulement le "réseau des anciens": on recherchait des candidats parmi les anciens militaires ou dans la communauté du renseignement en utilisant le système des recommandations personnelles. Depuis, le mode de recrutement s'est grandement amélioré. Reste pourtant un problème majeur pour le département des ressources humaines : comment s'assurer que la nouvelle recrue ne souffre pas de troubles de la personnalité cachés ou de tendances suicidaires latentes ?

Conclusion

Il est de l'intérêt des pays européens d'expliquer à leurs populations ce qui est légitime et ou illégitime dans leurs relations avec Israël. Il est important que l'Union Européenne clarifie les raisons de l'exception que leurs pays accordent à l'Etat d'Israel et aux escadrons de la mort du Mossad israélien, exceptions qui sont contraires aux lois écrites de tous les pays.

Il n'est pas raisonnable que des gens se réveillent un beau matin pour apprendre que leurs papiers d'identité ont été volés pour commettre des crimes de terrorisme international dans un autre Etat, et que des pays comme l'Allemagne, l'Autriche, la France, la Grande-Bretagne, et l'Irlande semblent être impliqués dans l'atrocité, à en juger par leurs réactions feutrées qui suggèrent qu'ils n'ont aucun intérêt à enquêter sur le crime.

Le Mossad israélien a une longue histoire de profanation des lois de nombreux pays européens, où ils ont commis beaucoup d'assassinats en utilisant de faux passeports, et quelquefois des vrais. Environ 350.000 Israéliens ont une double nationalité et des passeports en même temps de l'Union Européenne et israéliens.

Les agents d'Israël ont reçu une forme de soutien logistique de tous les pays d'Europe, dans lesquels les escadrons de la mort du Mossad ont perpétré leurs crimes, dans le cas présent comme par le passé. Ce soutien fut très clair, à voir la sécurité que les gouvernements de l'Union Européenne ont garantie aux équipes de coordination, couvrant leurs crimes et leur permettant de circuler librement sur leurs territoires. A tout le moins, il est très difficile de croire que les divers services de renseignement ignoraient ce qui se passait sur leurs territoires respectifs, comme il est très difficile de croire qu'il n'était pas possible, jusqu'à maintenant, d'identifier les gens impliqués lorsque les photos et les numéros de téléphone de l'équipe d'assassins ont été publiés.